LA FVRIEVSE ALLARME

Donnee à la ville de Constantinople.

PAR L'ARMEE DE POLOGNE.

Apres la deffaicte de quarante mille Turcs & Tartares.

J. Sih

A PARIS,

Chez ABRAHAM SAVGRAIN.

M. DC. XXI.

Auec permission.

LA

ELYSÉE

LARVE

Depuis [...] la ville de Constantinople

[...] DE Bologne

[...]

A PARIS,

Chez ABRAHAM SAVOVIN

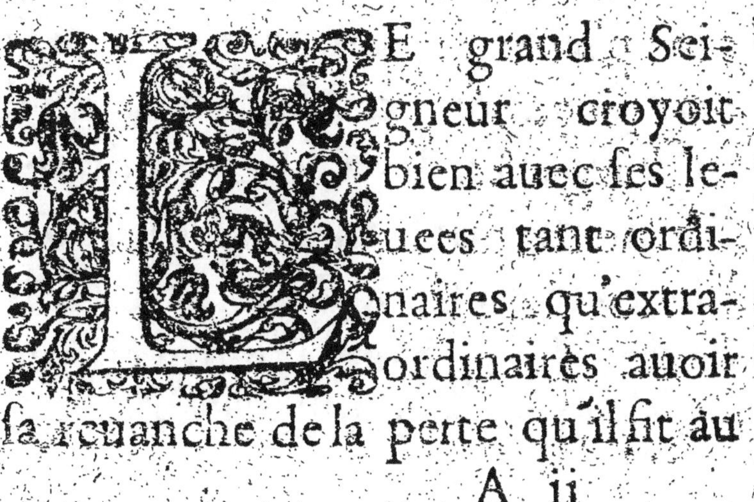

LA
FVRIEVSE
ALLARME DONNEE
à la ville de Constantinople

PAR L'ARMÉE DE POLOGNE,

Apres la deffaicte de quarante mille Turcs
& Tartares.

E grand Sei-
gneur croyoit
bien auec ses le-
uees tant ordi-
naires qu'extra-
ordinaires auoir
sa reuanche de la perte qu'il fit au

mois de Mars dernier, en la bataille
qu'il eut auec le Roy de Pologne,
quand le 4. Auril enſuiuant il fit
ſolennellement planter hors la ville ſes tentes & pauillons, celles des
Viſirs, de ſes Officiers, & de toute
la gendarmerie qui ſe tient ordi-
nairement à Conſtantinople: & de
plus le 9. iour dudit mois de May,
ledit grand Seigneur auec ſes Viſirs
& ſa Cour & ſadite gendarmerie,
ſortit de la ville, & s'alla loger dans
ſes tentes, menans auec luy trois
cens pieces de campagne, outre
cent pieces de gros Canons, qu'il
fit charger ſur les Galleres pour e-
ſtre menez par la mer noire iuſques
à la frontiere de la Valachie & Moldauie. Le 19. May il fit ſon entree
magnifique en la ville d'Adriano-

polis:& le 20. dudit mois le Capi-
taine Baſſa auec l'armee naualle ti-
ra vers la mer noire. Il a fait publier
que tous ceux qui ont ſolde de luy,
ayent à ſe rendre au camp à peine
d'eſtre punis de mort. On a fait de
meſme par toutes les places de
l'Empire Turc. Tellement que
par le calcul le nombre des gens de
combat qui alloient en cette guerre contre les Polonois, paſſoit huict
cens mille hommes : ayant deſſein
le grand Seigneur de donner dans
le cœur de la Pologne.

Le Roy de Pologne ayant eſté
aduerty que l'armee Turqueſque
s'eſtoit embarquee ſur la mer, &
qu'vne partie d'icelle venoit abor-
der dans la Valachie, ſe delibere de
luy aller au deuant & luy eſpargner

le chemin, il fait assembler tous les
Cosaques en nombre de trente
mille Caualliers, & dix mille mouf-
quetaires a cheual qu'il enuoye du
costé de la mer noire sur les frotie-
res de ladite Prouince de Valachie,
resolus de choquer l'enemy : & pour
le secours de cette armee enuoye le
Prince de Pologne son fils, auec
dix mille Moscouites Caualliers &
deux cens trente enseignes de gens
de pied dedans la Moldauie auec
cinquante pieces de Canon, pour
arrester l'impetuosité des Turcs, le
cas arriuant que les Cosaques se
trouuassent forcez de fuir ou recu-
ler.

Le grand Seigneur ayant eu aduis de l'arriuee des Cosaques pour
empescher l'abbord de son armee,

voyant qu'ils estoient si peu au res-
pect d'vne auantgarde de cent cinquante mille Ianissaires, qu'il pro-
iettoit ietter dans la Valachie, ne
laisse pour cela de poursuiure son
chemin, & commande aux Visirs
& Mareschaux de Camp de ses ar-
mees de liurer la bataille, au cas que
les Polonois les attendent au combat. Mais ce qu'ils auoient proietté
de faire fut trop tost euenté, & ne
leur tourna qu'a leur propre con-
fusion.

Car ils ne furent pas plustost arriuez à vne demie iournee des fron-
tieres de Valachie, que les Cosaques
& Podoliens ayant eu aduis de leur
descente & arriuee, les viennent sa-
luer auec dix mille mousquetaires
&80. Cornettes de caualerie legere

le matin deux heures auant le iour
du dix-neufiefme Iuillet dernier
paffé, & les furprenant ainfi tous
à demy endormis à vne bonne iournee & demye de Conftantinople,
les mirent en tel defordre que de
cent cinquante mille Ianniffaires
qu'ils eftoient, n'en efchapperent
pas quarante mille, qui ne fuffent
ou tuez, ou noyez, ou prifonniers
ou defarmez, & demeurant les Co-
faques vingt quatre heures à cheual
fans repos ny ceffe de courir &
pourfuyure nuict & iour, les fuyui-
rent fi chaudement en leur fuitte,
qui les allerent tuans & maffacrans
iufques aux portes d'Adrianopolis
où eftoit le grand Seigneur, qui n'en
eftoit encore party depuis qu'il y
auoit faict fon entree.

Le lendemain

Le lendemain les Moſcoui-
tes ayans ioints les Podoliens
& les Coſaques de Pologne, &
s'eſtans tous r'alliez, retourne-
rent plus furieuſemét à la chaſ-
ſe de l'ennemy que deuant, &
ayant eu autre aduis de l'arriuee des Tartares qui auoient e-
ſté deux moys & demy en chemin, donnerent dans leur a-
uant-garde, taillerent en pieces trois mille cheuaux des leur
portans des arcs & des fleches,
& ayans bon marché du reſte
les pourſuiuirent l'eſpee dans
le dos iuſques dans les faux-
bourgs de Conſtantinople,
bruſlerent le faux-bourg de la
Pere, du coſté des iardins du
grand Seigneur, lieu diſtant

de Conſtantinople comme du
Louure aux *Tuilleries*, & eſt
certes tres-certain que ſi leſdits
Coſaques euſſent eu du coura-
ge, il eſtoit alors en leur pou-
uoir de ſe rendre maiſtres de
ladite ville de Conſtantinople, car l'alarme y fut donnee
ſi chaude & ſi grande, que ià les
habitans eſtoient reſolus de
fuyr & abandonner toutes
choſes.

Mais eſt-il vray que par diſ-
cretion leſdits Coſaques n'o-
ferent s'engager ſi auant, &
bien leur prit de regagner la
Valachie, car ſans doubte ils
alloient eſtre enueloppez d'vn
autre grand nombre de Ianiſ-
ſaires, Turcs & de Tartares

Ioint qu'ils s'estoiét esloignez
de plus de cent lieuës du Prince de Pologne qui conduit le
regle de l'armee, lequel ils
sont venus retrouuer six iours
apres chargez de butin, apres
auoir couché bas cinquante
mille Turcs & Tartares : vi-
ctoire qui a fait resserrer les
cornes au grand Seigneur, qui
est maintenant de retour à
Constantinople, disposant son
armee d'vne autre façon, pour
venir fondre en gros dans la
Moldauie.

Cependant le Prince de Pologne est entré en Transylua-
nie auec vne armee de quarante huict mille hommes, & tient
la ville d'Vuactz assiegee, ce

qui met grandement la puce
à l'oreille à Bethleen Gabor,
qui ne la peut secourir.

Aussi depuis ce temps sont
arriuez trente vaisseaux de
guerre au port de l'Epanto, y
enuoyez de la part de sa Sain-
cteté, du Roy d'Espagne, du
Duc de Florence, & des Cheua-
liers de Malte, pour guarantir
les costes de la Chrestienté des
menaces de cet infidele, & aussi
pour empescher le secours qui
peut arriuer de ce costé là au-
dit grand Seigneur : Et voyla
les nouuelles qui nous en ont
esté enuoyees par les Consuls
Chrestiens de Raguse, France
& Venise.

FIN.